I0510867

★ PASSWORT JOURNAL ★

DAS KOMPLETTE JOURNAL FÜR PASSWORTSCHUTZ

Copyright 2013
978-1-63022-618-3
Erstveröffentlichung 12. November 2013

Speedy Publishing LLC
40 E. Main St., #1156, Newark, DE 19711

www.SpeedyPublishing.Co

WEBSITE:

BENUTZERNAME:

PASSWORT:

HINWEISE:

WEBSITE:

BENUTZERNAME:

PASSWORT:

HINWEISE:

WEBSITE:

BENUTZERNAME:

PASSWORT:

HINWEISE:

WEBSITE:

BENUTZERNAME:

PASSWORT:

HINWEISE:

WEBSITE:

BENUTZERNAME:

PASSWORT:

HINWEISE:

WEBSITE:

BENUTZERNAME:

PASSWORT:

HINWEISE:

WEBSITE:

BENUTZERNAME:

PASSWORT:

HINWEISE:

WEBSITE:

BENUTZERNAME:

PASSWORT:

HINWEISE:

WEBSITE:

BENUTZERNAME:

PASSWORT:

HINWEISE:

WEBSITE:

BENUTZERNAME:

PASSWORT:

HINWEISE:

WEBSITE:

BENUTZERNAME:

PASSWORT:

HINWEISE:

WEBSITE:

BENUTZERNAME:

PASSWORT:

HINWEISE:

WEBSITE:

BENUTZERNAME:

PASSWORT:

HINWEISE:

WEBSITE:

BENUTZERNAME:

PASSWORT:

HINWEISE:

WEBSITE:

BENUTZERNAME:

PASSWORT:

HINWEISE:

WEBSITE:

BENUTZERNAME:

PASSWORT:

HINWEISE:

WEBSITE:

BENUTZERNAME:

PASSWORT:

HINWEISE:

WEBSITE:

BENUTZERNAME:

PASSWORT:

HINWEISE:

WEBSITE:

BENUTZERNAME:

PASSWORT:

HINWEISE:

WEBSITE:

BENUTZERNAME:

PASSWORT:

HINWEISE:

WEBSITE:

BENUTZERNAME:

PASSWORT:

HINWEISE:

WEBSITE:

BENUTZERNAME:

PASSWORT:

HINWEISE:

WEBSITE:

BENUTZERNAME:

PASSWORT:

HINWEISE:

WEBSITE:

BENUTZERNAME:

PASSWORT:

HINWEISE:

WEBSITE:

BENUTZERNAME:

PASSWORT:

HINWEISE:

WEBSITE:

BENUTZERNAME:

PASSWORT:

HINWEISE:

WEBSITE:

BENUTZERNAME:

PASSWORT:

HINWEISE:

WEBSITE:

BENUTZERNAME:

PASSWORT:

HINWEISE:

WEBSITE:

BENUTZERNAME:

PASSWORT:

HINWEISE:

WEBSITE:

BENUTZERNAME:

PASSWORT:

HINWEISE:

WEBSITE:

BENUTZERNAME:

PASSWORT:

HINWEISE:

WEBSITE:

BENUTZERNAME:

PASSWORT:

HINWEISE:

WEBSITE:

BENUTZERNAME:

PASSWORT:

HINWEISE:

WEBSITE:

BENUTZERNAME:

PASSWORT:

HINWEISE:

WEBSITE:

BENUTZERNAME:

PASSWORT:

HINWEISE:

WEBSITE:

BENUTZERNAME:

PASSWORT:

HINWEISE:

WEBSITE:

BENUTZERNAME:

PASSWORT:

HINWEISE:

WEBSITE:

BENUTZERNAME:

PASSWORT:

HINWEISE:

WEBSITE:

BENUTZERNAME:

PASSWORT:

HINWEISE:

WEBSITE:

BENUTZERNAME:

PASSWORT:

HINWEISE:

WEBSITE:

BENUTZERNAME:

PASSWORT:

HINWEISE:

WEBSITE:

BENUTZERNAME:

PASSWORT:

HINWEISE:

WEBSITE:

BENUTZERNAME:

PASSWORT:

HINWEISE:

WEBSITE:

BENUTZERNAME:

PASSWORT:

HINWEISE:

WEBSITE:

BENUTZERNAME:

PASSWORT:

HINWEISE:

WEBSITE:

BENUTZERNAME:

PASSWORT:

HINWEISE:

WEBSITE:

BENUTZERNAME:

PASSWORT:

HINWEISE:

WEBSITE:

BENUTZERNAME:

PASSWORT:

HINWEISE:

WEBSITE:

BENUTZERNAME:

PASSWORT:

HINWEISE:

WEBSITE:

BENUTZERNAME:

PASSWORT:

HINWEISE:

WEBSITE:

BENUTZERNAME:

PASSWORT:

HINWEISE:

WEBSITE:

BENUTZERNAME:

PASSWORT:

HINWEISE:

WEBSITE:

BENUTZERNAME:

PASSWORT:

HINWEISE:

WEBSITE:

BENUTZERNAME:

PASSWORT:

HINWEISE:

WEBSITE:

BENUTZERNAME:

PASSWORT:

HINWEISE:

WEBSITE:

BENUTZERNAME:

PASSWORT:

HINWEISE:

WEBSITE:

BENUTZERNAME:

PASSWORT:

HINWEISE:

WEBSITE:

BENUTZERNAME:

PASSWORT:

HINWEISE:

WEBSITE:

BENUTZERNAME:

PASSWORT:

HINWEISE:

WEBSITE:

BENUTZERNAME:

PASSWORT:

HINWEISE:

WEBSITE:

BENUTZERNAME:

PASSWORT:

HINWEISE:

WEBSITE:

BENUTZERNAME:

PASSWORT:

HINWEISE:

WEBSITE:

BENUTZERNAME:

PASSWORT:

HINWEISE:

WEBSITE:

BENUTZERNAME:

PASSWORT:

HINWEISE:

WEBSITE:

BENUTZERNAME:

PASSWORT:

HINWEISE:

WEBSITE:

BENUTZERNAME:

PASSWORT:

HINWEISE:

WEBSITE:

BENUTZERNAME:

PASSWORT:

HINWEISE:

WEBSITE:

BENUTZERNAME:

PASSWORT:

HINWEISE:

WEBSITE:

BENUTZERNAME:

PASSWORT:

HINWEISE:

WEBSITE:

BENUTZERNAME:

PASSWORT:

HINWEISE:

WEBSITE:

BENUTZERNAME:

PASSWORT:

HINWEISE:

WEBSITE:

BENUTZERNAME:

PASSWORT:

HINWEISE:

WEBSITE:

BENUTZERNAME:

PASSWORT:

HINWEISE:

WEBSITE:

BENUTZERNAME:

PASSWORT:

HINWEISE:

WEBSITE:

BENUTZERNAME:

PASSWORT:

HINWEISE:

WEBSITE:

BENUTZERNAME:

PASSWORT:

HINWEISE:

WEBSITE:

BENUTZERNAME:

PASSWORT:

HINWEISE:

WEBSITE:

BENUTZERNAME:

PASSWORT:

HINWEISE:

WEBSITE:

BENUTZERNAME:

PASSWORT:

HINWEISE:

WEBSITE:

BENUTZERNAME:

PASSWORT:

HINWEISE:

WEBSITE:

BENUTZERNAME:

PASSWORT:

HINWEISE:

WEBSITE:

BENUTZERNAME:

PASSWORT:

HINWEISE:

WEBSITE:

BENUTZERNAME:

PASSWORT:

HINWEISE:

WEBSITE:

BENUTZERNAME:

PASSWORT:

HINWEISE:

WEBSITE:

BENUTZERNAME:

PASSWORT:

HINWEISE:

WEBSITE:

BENUTZERNAME:

PASSWORT:

HINWEISE:

WEBSITE:

BENUTZERNAME:

PASSWORT:

HINWEISE:

WEBSITE:

BENUTZERNAME:

PASSWORT:

HINWEISE:

WEBSITE:

BENUTZERNAME:

PASSWORT:

HINWEISE:

WEBSITE:

BENUTZERNAME:

PASSWORT:

HINWEISE:

WEBSITE:

BENUTZERNAME:

PASSWORT:

HINWEISE:

WEBSITE:

BENUTZERNAME:

PASSWORT:

HINWEISE:

WEBSITE:

BENUTZERNAME:

PASSWORT:

HINWEISE:

WEBSITE:

BENUTZERNAME:

PASSWORT:

HINWEISE:

WEBSITE:

BENUTZERNAME:

PASSWORT:

HINWEISE:

WEBSITE:

BENUTZERNAME:

PASSWORT:

HINWEISE:

WEBSITE:

BENUTZERNAME:

PASSWORT:

HINWEISE:

WEBSITE:

BENUTZERNAME:

PASSWORT:

HINWEISE:

WEBSITE:

BENUTZERNAME:

PASSWORT:

HINWEISE:

WEBSITE:

BENUTZERNAME:

PASSWORT:

HINWEISE:

WEBSITE:

BENUTZERNAME:

PASSWORT:

HINWEISE:

WEBSITE:

BENUTZERNAME:

PASSWORT:

HINWEISE:

WEBSITE:

BENUTZERNAME:

PASSWORT:

HINWEISE:

WEBSITE:

BENUTZERNAME:

PASSWORT:

HINWEISE:

WEBSITE:

BENUTZERNAME:

PASSWORT:

HINWEISE:

WEBSITE:

BENUTZERNAME:

PASSWORT:

HINWEISE:

WEBSITE:

BENUTZERNAME:

PASSWORT:

HINWEISE:

WEBSITE:

BENUTZERNAME:

PASSWORT:

HINWEISE:

WEBSITE:

BENUTZERNAME:

PASSWORT:

HINWEISE:

WEBSITE:

BENUTZERNAME:

PASSWORT:

HINWEISE:

WEBSITE:

BENUTZERNAME:

PASSWORT:

HINWEISE:

WEBSITE:

BENUTZERNAME:

PASSWORT:

HINWEISE:

WEBSITE:

BENUTZERNAME:

PASSWORT:

HINWEISE:

WEBSITE:

BENUTZERNAME:

PASSWORT:

HINWEISE:

WEBSITE:

BENUTZERNAME:

PASSWORT:

HINWEISE:

WEBSITE:

BENUTZERNAME:

PASSWORT:

HINWEISE:

WEBSITE:

BENUTZERNAME:

PASSWORT:

HINWEISE:

WEBSITE:

BENUTZERNAME:

PASSWORT:

HINWEISE:

WEBSITE:

BENUTZERNAME:

PASSWORT:

HINWEISE:

WEBSITE:

BENUTZERNAME:

PASSWORT:

HINWEISE:

WEBSITE:

BENUTZERNAME:

PASSWORT:

HINWEISE:

WEBSITE:

BENUTZERNAME:

PASSWORT:

HINWEISE:

WEBSITE:

BENUTZERNAME:

PASSWORT:

HINWEISE:

WEBSITE:

BENUTZERNAME:

PASSWORT:

HINWEISE:

WEBSITE:

BENUTZERNAME:

PASSWORT:

HINWEISE:

WEBSITE:

BENUTZERNAME:

PASSWORT:

HINWEISE:

WEBSITE:

BENUTZERNAME:

PASSWORT:

HINWEISE:

WEBSITE:

BENUTZERNAME:

PASSWORT:

HINWEISE:

WEBSITE:

BENUTZERNAME:

PASSWORT:

HINWEISE:

WEBSITE:

BENUTZERNAME:

PASSWORT:

HINWEISE:

WEBSITE:

BENUTZERNAME:

PASSWORT:

HINWEISE:

WEBSITE:

BENUTZERNAME:

PASSWORT:

HINWEISE:

WEBSITE:

BENUTZERNAME:

PASSWORT:

HINWEISE:

WEBSITE:

BENUTZERNAME:

PASSWORT:

HINWEISE:

WEBSITE:

BENUTZERNAME:

PASSWORT:

HINWEISE:

WEBSITE:

BENUTZERNAME:

PASSWORT:

HINWEISE:

WEBSITE:

BENUTZERNAME:

PASSWORT:

HINWEISE:

WEBSITE:

BENUTZERNAME:

PASSWORT:

HINWEISE:

WEBSITE:

BENUTZERNAME:

PASSWORT:

HINWEISE:

WEBSITE:

BENUTZERNAME:

PASSWORT:

HINWEISE:

WEBSITE:

BENUTZERNAME:

PASSWORT:

HINWEISE:

WEBSITE:

BENUTZERNAME:

PASSWORT:

HINWEISE:

WEBSITE:

BENUTZERNAME:

PASSWORT:

HINWEISE:

WEBSITE:

BENUTZERNAME:

PASSWORT:

HINWEISE:

WEBSITE:

BENUTZERNAME:

PASSWORT:

HINWEISE:

WEBSITE:

BENUTZERNAME:

PASSWORT:

HINWEISE:

WEBSITE:

BENUTZERNAME:

PASSWORT:

HINWEISE:

WEBSITE:

BENUTZERNAME:

PASSWORT:

HINWEISE:

WEBSITE:

BENUTZERNAME:

PASSWORT:

HINWEISE:

WEBSITE:

BENUTZERNAME:

PASSWORT:

HINWEISE:

WEBSITE:

BENUTZERNAME:

PASSWORT:

HINWEISE:

WEBSITE:

BENUTZERNAME:

PASSWORT:

HINWEISE:

WEBSITE:

BENUTZERNAME:

PASSWORT:

HINWEISE:

WEBSITE:

BENUTZERNAME:

PASSWORT:

HINWEISE:

WEBSITE:

BENUTZERNAME:

PASSWORT:

HINWEISE:

WEBSITE:

BENUTZERNAME:

PASSWORT:

HINWEISE:

WEBSITE:

BENUTZERNAME:

PASSWORT:

HINWEISE:

WEBSITE:

BENUTZERNAME:

PASSWORT:

HINWEISE:

WEBSITE:

BENUTZERNAME:

PASSWORT:

HINWEISE:

WEBSITE:

BENUTZERNAME:

PASSWORT:

HINWEISE:

WEBSITE:

BENUTZERNAME:

PASSWORT:

HINWEISE:

WEBSITE:

BENUTZERNAME:

PASSWORT:

HINWEISE:

WEBSITE:

BENUTZERNAME:

PASSWORT:

HINWEISE:

WEBSITE:

BENUTZERNAME:

PASSWORT:

HINWEISE:

WEBSITE:

BENUTZERNAME:

PASSWORT:

HINWEISE:

WEBSITE:

BENUTZERNAME:

PASSWORT:

HINWEISE:

WEBSITE:

BENUTZERNAME:

PASSWORT:

HINWEISE:

WEBSITE:

BENUTZERNAME:

PASSWORT:

HINWEISE:

WEBSITE:

BENUTZERNAME:

PASSWORT:

HINWEISE:

WEBSITE:

BENUTZERNAME:

PASSWORT:

HINWEISE:

WEBSITE:

BENUTZERNAME:

PASSWORT:

HINWEISE:

WEBSITE:

BENUTZERNAME:

PASSWORT:

HINWEISE:

WEBSITE:

BENUTZERNAME:

PASSWORT:

HINWEISE:

WEBSITE:

BENUTZERNAME:

PASSWORT:

HINWEISE:

WEBSITE:

BENUTZERNAME:

PASSWORT:

HINWEISE:

WEBSITE:

BENUTZERNAME:

PASSWORT:

HINWEISE:

WEBSITE:

BENUTZERNAME:

PASSWORT:

HINWEISE:

WEBSITE:

BENUTZERNAME:

PASSWORT:

HINWEISE:

WEBSITE:

BENUTZERNAME:

PASSWORT:

HINWEISE:

WEBSITE:

BENUTZERNAME:

PASSWORT:

HINWEISE:

WEBSITE:

BENUTZERNAME:

PASSWORT:

HINWEISE:

WEBSITE:

BENUTZERNAME:

PASSWORT:

HINWEISE:

WEBSITE:

BENUTZERNAME:

PASSWORT:

HINWEISE:

WEBSITE:

BENUTZERNAME:

PASSWORT:

HINWEISE:

WEBSITE:

BENUTZERNAME:

PASSWORT:

HINWEISE:

WEBSITE:

BENUTZERNAME:

PASSWORT:

HINWEISE:

WEBSITE:

BENUTZERNAME:

PASSWORT:

HINWEISE:

WEBSITE:

BENUTZERNAME:

PASSWORT:

HINWEISE:

WEBSITE:

BENUTZERNAME:

PASSWORT:

HINWEISE:

WEBSITE:

BENUTZERNAME:

PASSWORT:

HINWEISE:

WEBSITE:

BENUTZERNAME:

PASSWORT:

HINWEISE:

WEBSITE:

BENUTZERNAME:

PASSWORT:

HINWEISE:

WEBSITE:

BENUTZERNAME:

PASSWORT:

HINWEISE:

WEBSITE:

BENUTZERNAME:

PASSWORT:

HINWEISE:

WEBSITE:

BENUTZERNAME:

PASSWORT:

HINWEISE:

WEBSITE:

BENUTZERNAME:

PASSWORT:

HINWEISE:

WEBSITE:

BENUTZERNAME:

PASSWORT:

HINWEISE:

WEBSITE:

BENUTZERNAME:

PASSWORT:

HINWEISE:

WEBSITE:

BENUTZERNAME:

PASSWORT:

HINWEISE:

WEBSITE:

BENUTZERNAME:

PASSWORT:

HINWEISE:

WEBSITE:

BENUTZERNAME:

PASSWORT:

HINWEISE:

WEBSITE:

BENUTZERNAME:

PASSWORT:

HINWEISE:

WEBSITE:

BENUTZERNAME:

PASSWORT:

HINWEISE:

WEBSITE:

BENUTZERNAME:

PASSWORT:

HINWEISE:

WEBSITE:

BENUTZERNAME:

PASSWORT:

HINWEISE:

WEBSITE:

BENUTZERNAME:

PASSWORT:

HINWEISE:

WEBSITE:

BENUTZERNAME:

PASSWORT:

HINWEISE:

WEBSITE:

BENUTZERNAME:

PASSWORT:

HINWEISE:

WEBSITE:

BENUTZERNAME:

PASSWORT:

HINWEISE:

WEBSITE:

BENUTZERNAME:

PASSWORT:

HINWEISE:

WEBSITE:

BENUTZERNAME:

PASSWORT:

HINWEISE:

WEBSITE:

BENUTZERNAME:

PASSWORT:

HINWEISE:

WEBSITE:

BENUTZERNAME:

PASSWORT:

HINWEISE:

WEBSITE:

BENUTZERNAME:

PASSWORT:

HINWEISE:

WEBSITE:

BENUTZERNAME:

PASSWORT:

HINWEISE:

WEBSITE:

BENUTZERNAME:

PASSWORT:

HINWEISE:

WEBSITE:

BENUTZERNAME:

PASSWORT:

HINWEISE:

WEBSITE:

BENUTZERNAME:

PASSWORT:

HINWEISE:

WEBSITE:

BENUTZERNAME:

PASSWORT:

HINWEISE:

WEBSITE:

BENUTZERNAME:

PASSWORT:

HINWEISE:

WEBSITE:

BENUTZERNAME:

PASSWORT:

HINWEISE:

WEBSITE:

BENUTZERNAME:

PASSWORT:

HINWEISE:

WEBSITE:

BENUTZERNAME:

PASSWORT:

HINWEISE:

WEBSITE:

BENUTZERNAME:

PASSWORT:

HINWEISE:

WEBSITE:

BENUTZERNAME:

PASSWORT:

HINWEISE:

WEBSITE:

BENUTZERNAME:

PASSWORT:

HINWEISE:

WEBSITE:

BENUTZERNAME:

PASSWORT:

HINWEISE:

WEBSITE:

BENUTZERNAME:

PASSWORT:

HINWEISE:

WEBSITE:

BENUTZERNAME:

PASSWORT:

HINWEISE:

WEBSITE:

BENUTZERNAME:

PASSWORT:

HINWEISE:

WEBSITE:

BENUTZERNAME:

PASSWORT:

HINWEISE:

WEBSITE:

BENUTZERNAME:

PASSWORT:

HINWEISE:

WEBSITE:

BENUTZERNAME:

PASSWORT:

HINWEISE:

WEBSITE:

BENUTZERNAME:

PASSWORT:

HINWEISE:

WEBSITE:

BENUTZERNAME:

PASSWORT:

HINWEISE:

WEBSITE:

BENUTZERNAME:

PASSWORT:

HINWEISE:

WEBSITE:

BENUTZERNAME:

PASSWORT:

HINWEISE:

WEBSITE:

BENUTZERNAME:

PASSWORT:

HINWEISE:

WEBSITE:

BENUTZERNAME:

PASSWORT:

HINWEISE:

WEBSITE:

BENUTZERNAME:

PASSWORT:

HINWEISE:

www.ingramcontent.com/pod-product-compliance
Lightning Source LLC
Chambersburg PA
CBHW051254170526
45165CB00004B/1712